¡TRABAJO SALVAJE!
ENTRENADORES DE ANIMALES

TIME
FOR KIDS

Jessica Cohn

Consultores

Timothy Rasinski, Ph.D.
Kent State University

Lori Oczkus
Consultora de alfabetización

Thorsten Pape
Entrenador de animales

Basado en textos extraídos de
TIME For Kids. *TIME For Kids* y el logotipo
de *TIME For Kids* son marcas registradas
de TIME Inc. Utilizados bajo licencia.

Créditos de publicación

Dona Herweck Rice, *Jefa de redacción*
Conni Medina, *Directora editorial*
Lee Aucoin, *Directora creativa*
Jamey Acosta, *Editora principal*
Heidi Fiedler, *Editora*
Lexa Hoang, *Diseñadora*
Stephanie Reid, *Editora de fotografía*
Sandy Phan, *Autora colaboradora*
Rachelle Cracchiolo, *M.S.Ed.,*
  Editora comercial

Créditos de imágenes: pág. 61 AGE
fotostock; págs. 18-19, 19, 35, 36 Associated
Press; pág. 24 Circus World/Ringling
Bros. and Barnum & Bailey; págs. 24-25
William Woodcock Collection; págs. 30-31
Cristopher Schulz Collection; págs. 30, 40-
40, 57 Getty Images; pág. 46 ChinFotoPress/
Newscom; pág. 52 Visual&Written/
Newscom; pág. 40 EPA/Newscom; pág. 29
imagebroker/Raimund Kutter/Newscom;
págs. 48-49 Zuma Press/Newscom; págs.
28-29 action press/Newscom; págs. 50-51
(ilustraciones)Timothy J. Bradley; págs.
32-33 (ilustraciones) J.J. Rudisill; págs. 47, 49
U.S. Navy; págs. 44, 44-45 WENN.com; todas
las demás imágenes de Shutterstock.

Teacher Created Materials

5301 Oceanus Drive
Huntington Beach, CA 92649-1030
http://www.tcmpub.com
ISBN 978-1-4333-7175-2
© 2013 Teacher Created Materials, Inc.

TABLA DE CONTENIDO

HAZAÑAS INCREÍBLES

Los entrenadores de animales entrenan a los animales para que actúen. También enseñan a los animales, tales como los **perros guía**, la forma de ayudar a las personas. Hacer que los animales respondan ante las personas es siempre el objetivo principal de su trabajo. Los entrenadores de animales cuidan a los animales y entienden la **psicología animal**. Crean fuertes vínculos con los animales que entrenan. Pero los mejores entrenadores nunca olvidan que los animales con los que trabajan son criaturas salvajes. Siempre son conscientes de los peligros de su trabajo.

Un elefante sigue las instrucciones de un entrenador para pintar.

➤ ¿Por qué alguien querría convertirse en un entrenador de animales?

➤ ¿Qué técnicas utilizan los entrenadores para influenciar la conducta de un animal?

➤ ¿Cómo se prepara una persona para convertirse en entrenador de animales?

Criaturas de hábitos

Los animales aprenden de dos maneras distintas. Para comprender la primera manera, piensa en un hombre que pide pizza a menudo. Cuando el timbre de la puerta suena, el perro del hombre comienza a babear. ¿Por qué? El perro ha terminado asociando el timbre con la pizza. La acción de babear cuando el timbre de la puerta suena es una **respuesta** fuera de su control. Este es un ejemplo de **condicionamiento clásico**.

El hombre paga al repartidor y comienza a comer una porción de pizza. Su perro salta y coloca sus patas sobre la mesa mientras lloriquea y ruega. El hombre le dice que se siente. El perro se sienta pacíficamente y se gana un pedazo del borde de la pizza. Esta es una consecuencia de **condicionamiento operante**. Es una conducta que el perro puede aprender y controlar.

A los perros

Ivan Pavlov fue un famoso investigador. Les daba a sus perros alimento y medía cuánta baba producían. Luego comenzó a hacer sonar una campana antes de alimentarlos. Finalmente los perros babeaban cuando oían la campana, hubiese o no alimento.

Premios favoritos

A cada animal le gusta una recompensa distinta. Estas son algunas que puedes probar con tus mascotas.

- 🐾 rascaduras en el lomo
- 🐾 cubos de hielo
- 🐾 juegos
- 🐾 alimento
- 🐾 hora de jugar
- 🐾 cepillado

Piensa como un entrenador

Entrenar a cualquier animal implica seguir un patrón de estímulo, respuesta y **refuerzo**. El estímulo es una palabra o una señal. La respuesta es la conducta deseada. El refuerzo es cuando el entrenador hace saber al animal que él o ella reconoce la conducta. Los entrenadores también utilizan el refuerzo para detener las malas conductas. Crean una conexión entre la conducta y una recompensa o un castigo.

Refuerzo positivo

Estímulo: El entrenador la da al animal una señal.

Refuerzo negativo

Conducta: El animal hace algo mal.

Respuesta: El animal hace algo bien.

Refuerzo: El entrenador comienza una actividad divertida o le da un premio.

Respuesta: El animal abandona la mala conducta.

Refuerzo: El entrenador le quita algo o deja de hacer algo divertido.

¡ALTO! PIENSA...

- ¿Qué significa *positivo* en este gráfico?
- ¿Qué significa *negativo* en este gráfico?
- ¿Crees que los animales responden mejor a las recompensas o a los castigos?

9

Instintos indirectos

Los animales hacen cosas que creen que están bien, incluso cuando son castigados por estas. Muchos perros adoran mordisquear cosas en los hogares. A menudo continúan con esta conducta después de repetidos castigos. El dueño puede reemplazar los objetos mordisqueados por un juguete. Luego, el dueño recompensa al perro por jugar con este. Si un perro está ocupado con un juguete, no tendrá tiempo de mordisquear otras cosas.

Los entrenadores de animales también reemplazan las malas conductas por diferentes conductas. Por ejemplo: un loro puede gritar fuerte cuando hay visitas. Su entrenador lo ignora. En cambio, el entrenador le da un regalo al ave cuando esta dice: "Bienvenido". El entrenador hace que esta lleve a cabo una **conducta incompatible**. El loro no puede gritar y hablar al mismo tiempo.

Estallido de extinción

Cuando un entrenador cambia su respuesta ante una conducta no deseada, esta puede empeorar antes de ser abandonada. Esto se denomina un **estallido de extinción**. Cuando un entrenador comienza a ignorar el grito de un ave, esta puede gritar más fuerte o con mayor frecuencia durante varios días para atraer la atención del entrenador. La mala conducta, finalmente, será abandonada si el entrenador constantemente la ignora. El ave optará por otras conductas que resulten en atención positiva.

Asociar las conductas

A veces los entrenadores utilizan un clicker, un silbato, una palabra o un toque para hacerle saber a un animal que está haciendo algo bien. Un entrenador puede soplar un silbato justo después de que un delfín dé una vuelta en el aire. El delfín puede estar bajo el agua o lejos del entrenador. El silbato le informa al delfín de la conducta exacta que debe repetir. El silbato es, también, un puente entre la conducta correcta y el regalo o la recompensa que el delfín recibirá más tarde. A veces el silbato solo es una recompensa por trabajo bien hecho.

Entrenar es tratar con cariño

Todo entrenamiento comienza con cuidados. Un animal bien entrenado estará cómodo y saludable. Los entrenadores pasan mucho tiempo alimentando, limpiando y cepillando a los animales. Ellos limpian las áreas donde los animales viven. También llevan registros de salud e higiene. Se aseguran de que los animales se ejerciten lo suficiente. Es una oportunidad para que los entrenadores se ganen la confianza de los animales. Muchos entrenadores trabajan como cuidadores durante años antes de comenzar a entrenar a animales.

Paga y extras

El entrenamiento de animales no es famoso por hacer ricas a las personas. Los entrenadores principiantes a menudo tienen un segundo trabajo para tener otros ingresos.

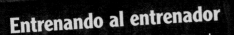

Entrenando al entrenador

Los zoológicos y los acuarios a menudo requieren que los entrenadores tomen clases de **Biología** y **Ecología Marina**. Estas ayudan a los entrenadores a comprender dónde y cómo les gusta vivir a los animales.

En sus términos

A veces puede parecer que un animal piense que él es humano. Un perro puede comer alimento para humanos, sentarse con sus dueños y hacer ruidos como los humanos. Pero los perros, en realidad, piensan que los humanos son perros. Aceptan las sugerencias de los humanos de la misma manera que lo hacen de otros perros. Otros animales ven a los humanos de la misma forma. Pueden comprender que no somos parecidos a los elefantes o a los tigres, pero esa es la cosa más cercana que conocen.

¡Se busca ayuda!

Entrenador de elefante

Requisitos

El candidato ideal posee un título en **Zoología** o estudios similares. Un certificado expedido por una escuela de entrenamiento de animales es una ventaja. Él o ella ha trabajado con animales grandes en lugares como reservas naturales o establos de caballos. Los entrenadores deben ser firmes, pacientes, positivos y seguros.

EL ELEFANTE EN LA SALA

Una cosa es entrenar a gatos o perros domésticos. Son más pequeños que las personas. Y saben quién manda. Pero los elefantes pesan entre dos y siete toneladas. Sus entrenadores deben tener mucha destreza y cuidado. Muchos elefantes son entrenados desde una temprana edad para habituarse al contacto humano. Esto hace que sea más fácil para las personas cuidarlos a medida que se vuelven más grandes.

Los elefantes entrenados son principalmente asiáticos, que no deben confundirse con los elefantes africanos, que son mucho más grandes.

ASIÁTICO   AFRICANO

¿Cómo los diferencias? Los elefantes asiáticos y africanos poseen orejas cuya forma es un poco similar al continente de donde provienen.

Una tradición de entrenamiento

En la India a las personas que entrenan elefantes se las denomina *mahouts*. La experiencia necesaria para entrenar elefantes es transmitida a través de las familias. Los mahouts son altamente respetados. Comprenden que los elefantes corren en manadas. Los animales esperan ser dominados por un líder. Por lo tanto, los entrenadores asumen el papel de líderes. Una vez que lo hacen, los elefantes los siguen. Los elefantes entrenados son tratados como parte de las familias de los mahouts.

Dios elefante

Ganesh, o Ganesha, es un dios **hindú** con una cabeza de elefante. Se cree que es el dios de los nuevos comienzos. Sus grandes orejas muestran que él escucha las plegarias de sus fieles. La trompa de elefante de Ganesh simboliza su fuerza y habilidad para realizar cosas con precisión.

Tamaños lado a lado

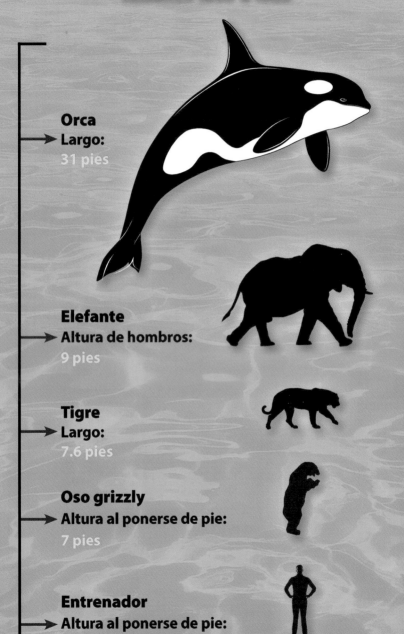

Orca
Largo:
31 pies

Elefante
Altura de hombros:
9 pies

Tigre
Largo:
7.6 pies

Oso grizzly
Altura al ponerse de pie:
7 pies

Entrenador
Altura al ponerse de pie:
6 pies

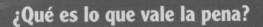

¿Qué es lo que vale la pena?

Informes muestran que los entrenadores de animales registran números más altos de lesiones relacionadas con su trabajo que otros trabajadores. Pero los entrenadores, que tienden a amar a los animales, creen que vale la pena correr el riesgo a cambio de estar con los animales.

Partes grandes y pequeñas

Nadie puede levantar a un elefante, entonces, estos deben ser entrenados para cooperar con los cuidadores. El elefante debe aprender a moverse para que otros puedan lavarlo y suministrarle medicamentos. Debe permitirle a los doctores examinar sus patas y otras partes del cuerpo.

Riesgos enormes

Trabajar con animales grandes implica grandes riesgos. En 2011 una entrenadora murió en el zoológico de Knoxville en Tennessee. Fue asesinada por un elefante bajo su cuidado. El animal, con un peso de 8,000 libras retrocedió y la aplastó contra un muro. Los entrenadores exitosos nunca olvidan los riesgos del trabajo. Comprenden que los animales no son humanos. También conocen las limitaciones de los animales. Un entrenador no le pide a un animal que haga cosas que no puede hacer o que pueden dañarlo. En el pasado, algunos entrenadores trataban a los animales con crueldad. Pero, en la actualidad, casi todos los entrenadores comprenden que el trato cariñoso y amable es más poderoso. Y es la forma correcta de tratar a los animales.

Guía para los elefantes

La mayoría de los entrenadores evitan el castigo físico. Por el contrario, utilizan comunicación física. Por ejemplo: un entrenador podría tocar a un elefante detrás de la rodilla con una guía. Una guía es una vara larga con un gancho en el extremo. Es molesta para el elefante pero no dolorosa.

Trabajos grandes

En el imperio romano, los elefantes transportaban a las personas a lo largo de grandes distancias. Los animales también llevaban a los soldados y las provisiones al campo de batalla. En la India los elefantes fueron utilizados para realizar trabajos a partir de la Segunda Guerra Mundial. Asimismo, los elefantes asiáticos trabajaban en granjas y en explotaciones forestales.

En la actualidad, los elefantes han dejado de ser utilizados para la guerra. Pero aún se les enseña a derribar árboles en Asia. La mayoría de los entrenadores de animales trabajan en parques de animales. Los entrenadores ayudan a los elefantes a mantenerse saludables. También los preparan para participar en estudios científicos.

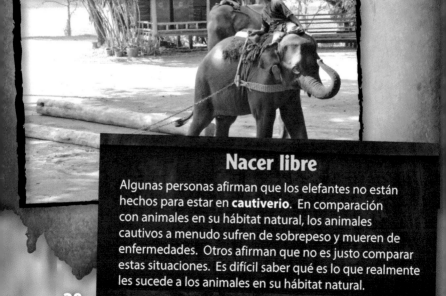

Nacer libre

Algunas personas afirman que los elefantes no están hechos para estar en **cautiverio**. En comparación con animales en su hábitat natural, los animales cautivos a menudo sufren de sobrepeso y mueren de enfermedades. Otros afirman que no es justo comparar estas situaciones. Es difícil saber qué es lo que realmente les sucede a los animales en su hábitat natural.

Cuestiones importantes

Los elefantes necesitan protección, incluso en su hábitat natural. Quedan menos de 50,000 elefantes asiáticos en la naturaleza. Muchos fueron asesinados para quitarles los colmillos. Otros perdieron las áreas donde vivían porque las personas se adueñaron de las tierras. Los zoológicos, frecuentemente, acogen elefantes para evitar que estos sean **sacrificados**.

La trompa de un elefante posee más de 40,000 músculos. Los elefantes utilizan sus trompas como una mano para tomar objetos, rascarse y para entrelazarlas con otros a modo de saludo.

Hablando su idioma

Los entrenadores de animales deben aprender cómo estos se comunican entre sí. Los elefantes utilizan 70 sonidos y 160 gestos y expresiones diferentes para comunicarse. Hay chillidos, graznidos, gritos, bramidos, resoplidos, gruñidos y gemidos. Sus sonidos pueden significar: ira, alegría, jocosidad y una amplia gama de emociones. Los humanos solo están comenzando a aprender todas las maneras en las en que se comunican.

Una vibración poderosa puede significar "¡Hola! ¿Estás ahí?". Para oír la respuesta los elefantes levantan sus cabezas y extienden sus orejas. También para detectar vibraciones, a menudo levantan un pie del suelo.

Los sonidos pueden coordinar la manera en que los elefantes se mueven en grupo.

Algunos sonidos de elefante son demasiado bajos para ser oídos por los humanos. En su hábitat natural los elefantes pueden oír a otros elefantes desde una milla de distancia.

Los gritos pueden ser tan suaves como un suspiro o más fuertes que un martillo mecánico.

Cuando los elefantes desean jugar extienden sus cabezas hacia abajo y doblan sus trompas debajo o alrededor de sus colmillos.

Si un elefante dobla las orejas o sacude la cabeza, esto puede significar que se está poniendo agresivo.

Un gruñido largo significa: "Quiero ir en esta dirección. Vayamos juntos". Puede durar de cinco a seis segundos y ser repetido aproximadamente cada segundo.

Los elefantes a menudo quedan paralizados en su lugar cuando oyen o huelen algo inusual.

23

Ben Williams

Uno de los entrenadores de elefantes más famosos de todos los tiempos fue Ben Williams. Actuó con animales durante medio siglo. Williams fue criado en una familia circense. Empezó a actuar a los seis años. Cuatro generaciones de actores lo precedieron del lado materno. Y, también, tanto su padre como su padrastro, trabajaron con animales.

Incluso cuando todavía no sabía caminar, Williams ya saltaba desde el lomo de un elefante a otro. En uno de estos actos circenses populares, se tumbaba en el suelo. Permitía a los elefantes que casi lo aplastaran Las multitudes se volvían locas cuando su elefante lo hacía dar vueltas.

Anna May

Williams trabajó con una elefanta llamada Anna May durante 49 años. El *Big Apple Circus* dejó de presentar su actuación con la elefanta en el año 2000. Williams amaba a Anna May. "Ella me hace lucir", dijo Williams al *New York Times*. "Ella se olvidó de más trucos de los que yo sé".

Fea sorpresa

Los entrenadores saben que incluso un elefante bien entrenado es un animal peligroso. En 1982 Anna May accidentalmente mató a una mujer que entró por sorpresa a su tráiler. El incidente casi termina con la carrera de Williams.

¡Se busca ayuda!

Entrenador de gatos grandes

Requisitos

El entrenador de gatos ideal posee un título en Gestión Animal o estudios similares. El entrenador deberá aprender paso a paso el entrenamiento con los animales. Estas criaturas están en la cima de sus cadenas alimenticias. Un entrenador debe entender su biología y conducta.

GATOS GRANDES

La mayoría de los dueños de gatos no se molestan en enseñar a sus gatos más que a utilizar el arenero. Pero los zoológicos necesitan enseñar a sus gatos grandes a cooperar y vivir en cautiverio. Los leones y los tigres tienen mal humor, lo que hace que su entrenamiento sea difícil. A menudo son animales independientes, aunque los leones son bastante sociales.

Los gatos grandes de todas las clases son un gran desafío. Se tornan agresivos al momento de alimentarlos y deben ser manejados con cuidado. Un león puede matar muy rápido. Al igual que los gatos pequeños, los gatos grandes tienen reflejos veloces. Pueden atacar jugando y nunca darse cuenta que algo salió mal.

Cuando a los tigres les gusta alguien, se lo hacen saber emitiendo un *chaf*. Luego utilizan sus hocicos para apuntar hacia la persona que les cae bien.

Una competencia feroz

La competencia entre los entrenadores de gatos grandes es feroz al igual que la competencia entre los animales mismos. Un programa de **prácticas** puede seleccionar solo a unos pocos entre cientos.de personas. Los candidatos deben pasar por intensas entrevistas que pueden durar varios días antes de poder empezar con el entrenamiento.

Siguiéndoles el ritmo

Los entrenadores de gatos grandes se mantienen en excelente estado físico y mental. Necesitan fuerza y velocidad para seguirles el ritmo a los animales bajo su cuidado.

Un estilo de vida salvaje

Cada **especie** de gato y cada animal es diferente. Ganarse la confianza de estas criaturas salvajes lleva mucho tiempo. Se dice que entrenar a animales exóticos es más un estilo de vida que un trabajo. Los nuevos entrenadores pueden pasar años observando y ayudando a otro entrenador. Los gatos necesitan cuidados y alimento a toda hora.

Las personas que entrenan a gatos grandes obtienen títulos en materias relacionadas con gestión de vida silvestre y animales. Pueden estudiar Zoología o Biología. Luego ellos buscan prácticas en parques de animales o refugios de vida silvestre. Algunos trabajan con gatos grandes en laboratorios e investigación de campo.

Trabajo en equipo

Trabajar con gatos fuera de una jaula requiere de un equipo de personas altamente capacitadas. Los entrenadores de apoyo controlan a las multitudes y prestan atención a posibles problemas. Informan a los entrenadores sobre cualquier problema y los ayudan siempre que sea necesario. Los entrenadores necesitan apoyo porque deben concentrarse por completo en los gatos para evitar accidentes.

Rugido de la multitud

Muchos entrenadores de animales de circo deben ser entrenadores y, al mismo tiempo, expertos en animales. Puede que usen atuendos con brillo. Algunos sostienen aros que son atravesados por tigres o leones. Otros realizan actos de comedia en el que un animal aparece para pasearlos o darles un empujón. En el escenario, un entrenador de animales necesita fuertes destrezas de **maestría escénica**. Deben ser capaces de mantener expectante a la audiencia antes de un truco. Los entrenadores de circo hacen reír a las personas o les hacen sentir que ellos conocen a los animales.

¿Cruel o cariñoso?

Muchos grupos de **derechos animales** creen que los animales son tratados de manera cruel en el circo. Hasta la década de 1970, muchos entrenadores de circos golpeaban y les daban latigazos a sus animales. Sin embargo, los circos de la actualidad cuidan a sus animales con cariño y los entrenan con recompensas.

Espectáculo de asesino

Hace unos años, las actuaciones de gatos grandes resaltaban el peligro de un gato asesino en acción. En la actualidad los espectáculos tienden a mostrar la relación del entrenador con los gatos, aunque el peligro continúa siendo tan real como antes. Tal como dijo un entrenador, "los gatos entrenados son menos comunes".

Alimento para el pensamiento

Utilizar alimento como recompensa puede causar problemas con los gatos. El deseo de los gatos de comer es fuerte y estos son fuertes. El alimento los puede distraer demasiado. Los entrenadores deben tratar de lograr que los animales respondan a órdenes y sonidos en vez de a alimentos.

Luchando contra el aburrimiento

Los animales en su hábitat natural dedican la mayor parte de su tiempo a atrapar presas o a mantenerse alejados de los **depredadores**. La vida en un parque de animales u otra área controlada es muy diferente a la vida en un hábitat natural. Los entrenadores de animales necesitan asegurarse de que los animales no se aburran. Un animal inquieto puede tornarse agresivo o alterarse.

Los animales se mantienen activos con juegos y actividades creativas.

Los entrenadores hacen que los animales deban "cazar" para obtener su alimento.

En vez de jaulas con barrotes y muros de cemento los zoológicos intentan construir hogares con una apariencia natural para los animales.

Los animales deben solucionar problemas para obtener su alimento.

Los animales juegan con distintos juguetes.

33

Siegfried y Roy

Son conocidos alrededor del mundo solo por su nombre de pila. Siegfried Fischbacher y Roy Horn nacieron en Alemania. Siegfried sentía adoración por la magia. Roy amaba a los animales. Los dos hombres se conocieron mientras trabajaban en el trasatlántico, donde Siegfried presentaba pequeños espectáculos de magia.

Muchos dicen que Roy subió a bordo a un guepardo de manera clandestina. Para condimentar su número de magia, Siegfried trajo al animal al escenario. ¡El espectáculo fue todo un éxito! El dúo continuó trabajando y desarrolló un espectáculo de magia multimillonario con animales en Las Vegas. Con las ganancias, Siegfried y Roy crearon una organización para salvar tigres reales blancos, **en peligro de extinción**.

La tragedia golpea

Roy entrenaba a sus gatos con una **vinculación afectiva**. Para ganar su confianza dormía con ellos en la misma cama hasta que tuvieran un año de edad. Pero la confianza tiene sus límites con un gato grande. En octubre de 2003 Roy se tropezó en el escenario. En respuesta a esto uno de sus tigres blancos lo mordió en el cuello.

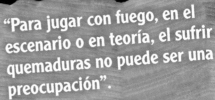

Sin culpa

El ataque del tigre casi mata a Roy, y este quedó paralizado. Sin embargo, ni él ni su compañero culparon al gato. El gato, dijeron, solo estaba siendo un gato. El mismo tigre había actuado 2,000 veces sin ningún problema.

¡Pedido de ayuda!

Entrenador de osos

Requisitos

Los trabajos con **acreditadas** instituciones generalmente requieren un título en una disciplina relacionada. Los entrenadores de osos a menudo poseen experiencia previa en el trabajo con animales grandes, tales como caballos. Los entrenadores de osos son colaboradores pacientes, positivos, seguros y saludables.

ES UN OSO

Leones, tigres y osos: son conocidos como algunas de las criaturas más temidas de la Tierra. Pero hasta los osos pueden ser entrenados. Lo han sido durante siglos. El pueblo Ursari, en Europa del Este se hizo famoso por el entrenamiento de osos. Viajaban de un lugar a otro haciendo actuar a sus osos por dinero.

Recientemente, *Animal Planet* emitió un programa de TV denominado *Growing Up Grizzly*. Tres osos grizzly, llamados Tank, Little Bart y Honey Bump, actuaban en el programa. Seguía sus aventuras con los entrenadores Lynne y Doug Seus. Los Seus ayudaban a los osos a estar listos para aparecer en películas. Les enseñaban cómo manejarse con el tránsito, el ruido y otras distracciones. Otros entrenadores preparan a los osos para cooperar con cuidadores en zoológicos y parques de animales. Algunos entrenadores ayudan a los osos a seguir órdenes simples. Limpian a los animales y los lugares donde estos viven. Mantienen registros sobre el cuidado de los osos.

Los Seus alimentan a sus animales con diferentes boles y en distintos momentos. De esa manera, los animales no se habitúan demasiado a una rutina. Un cambio en la rutina estresaría a los osos.

Animales salvajes actores

Mark y Dawn Dumas, una pareja canadiense, poseen una empresa que entrena a animales actores. Trabajan con Agee, el único oso polar entrenado en Norteamérica. Este se recuesta, gatea y se sienta para ellos. Los actos de Agee parecen naturales ante la cámara. Pero implica mucho trabajo detrás de escena. Los osos polares son los depredadores terrestres más grandes. Y Agee posiblemente lastimaría a cualquiera que no fuese uno de los Dumas.

Los osos son criaturas fuertes. Trabajar con ellos conlleva muchos riesgos. Hace poco un entrenador fue atacado y murió en un centro de animales salvajes. En un momento, el oso le estaba lamiendo la cara al hombre. Y poco después, el oso le mordió el cuello.

Hogar en la pradera

Todos los osos figuran en la lista de especies en extinción. Los Seus utilizaron su fama al aparecer en *Animal Planet* y juntaron dinero para los osos en su hábitat natural. Pagaron para proteger áreas en el norte de Idaho y el noroeste de Montana, y lograr que estas sean seguras para los osos.

oso andino

Osos del mundo

Existen ocho tipos de osos. Los más famosos son el oso grizzly, el oso negro americano y el oso polar. También hay osos perezosos, osos negros asiáticos y pandas gigantes. El oso del sol en India posee en su pecho una marca de color naranja como el sol. El oso andino posee marcas parecidas a anteojos. Vive en Sudamérica.

Salvar a los osos

Uno de los trabajos más reconfortantes para los entrenadores de osos es la **rehabilitación**. Muchos entrenadores ayudan a animales enfermos y lastimados a reponerse. Una de las historias más dramáticas proviene de la India, donde los entrenadores les están enseñando a los osos cómo ser salvajes otra vez.

Algunas tribus en Asia enseñan a los osos a bailar y recoger monedas por sus actuaciones. Los osos son sacados de su hábitat natural de cachorros. Los dejan sin dientes. Se les pasa una soga a través de un agujero hecho en su hocico. En la India los osos sin dientes están siendo salvados y llevados a lugares seguros. Los entrenadores les enseñan a trepar árboles y buscar termitas, que les gusta comer. El entrenamiento les permite vivir de manera libre nuevamente.

Los cachorros de oso negro adoran jugar. Cachorros huérfanos en centros de rehabilitación pueden perseguirse unos a otros alrededor de sillas o competir por el control de una piscina.

Fin del baile

En 1972, la India estableció que el baile de osos era ilegal. Desde entonces, cientos de osos han sido enviados a un **refugio**. Las personas que solían utilizar a los osos para obtener dinero están siendo entrenadas para realizar otras cosas. En 2009, la India hizo historia al retirar el último de sus osos bailarines de la calle.

Se acude a dentistas para tratar a los osos que han perdido sus dientes. A los osos rescatados se les da frutas sabrosas, crema de avena y miel, su premio favorito.

¡MÁS EN PROFUNDIDAD!

Convocado para ayudar

Si amas a los animales y estás interesado en convertirte en un entrenador, el voluntariado es una buena manera de descubrir en qué consiste este trabajo. Visita zoológicos, acuarios y centros de rehabilitación, y conoce a los trabajadores. Busca prácticas y programas de voluntariado que recibirán con agrado tu interés en los animales.

El entrenamiento formal es solo parte de la preparación para convertirte en entrenador de animales. Este trabajo requiere un pensamiento rápido y sentido común. Al igual que con todos los trabajos con animales, una actitud positiva, paciencia y amor hacia los animales son una ventaja.

¿Tienes lo necesario? Pregúntate:

🐾 ¿Poseo fuerza física?

🐾 ¿Poseo fuerza emocional?

🐾 ¿Poseo una actitud positiva?

🐾 ¿Me tomo el tiempo necesario para aprender cosas y mostrarle a los demás cómo realizarlas?

🐾 ¿Soy bueno resolviendo problemas en mi vida diaria?

🐾 ¿Me comunico bien con las personas y los animales?

🐾 ¿Estoy dispuesto a empezar desde abajo y trabajar para superarme?

Si ser un entrenador de animales suena interesante, pero no es exactamente para ti, considera estas otras líneas de trabajo.

 🐾 conviértete en veterinario

 🐾 estudia el océano y otros lugares donde viven los animales

 🐾 conduce investigaciones en Biología Animal

 🐾 trabaja para grupos de conservación de animales

Casey Anderson

Casey Anderson es un famoso entrenador de osos. Al finalizar sus estudios universitarios, Anderson trabajó como cuidador de animales. Después se convirtió en entrenador. Su mejor amigo es un oso llamado Brutus. Crió al oso desde que era un bebé.

Brutus era un bebé grizzly que nació en un parque superpoblado de osos. Para salvar al cachorro Anderson creó una reserva de osos en Montana. En la actualidad Brutus deambula por allí. Aparece junto a Anderson para mostrar al público la necesidad de la conservación de osos grizzly. Ambos aparecieron en un serie de TV denominada *Expedition Wild*. Explora las necesidades de la vida salvaje en el Parque Nacional Yellowstone.

Brutus fue una parte importante de la boda de Anderson. ¡Fue el padrino!

Encuentro grizzly

Anderson fundó el Encuentro Grizzly de Montana en 2004 para los osos grizzly que necesitan ser rescatados. El centro enseña que los osos son salvajes y pertenecen a su hábitat natural. Anderson dice a la audiencia que, excepto por Brutus, las personas nunca deberían acercarse a un oso.

El oso Brutus

Actualmente Brutus pesa cerca de 900 libras. Aunque pasa la mayor parte de su tiempo en la reserva, a veces viaja para realizar anuncios. Brutus apareció *The Oprah Show* en 2009.

¡Se busca ayuda!

Entrenamiento de mamíferos marinos

Requisitos

Debe ser capaz de entrenar a delfines, ballenas, focas, lobos marinos, morsas y otros animales para interactuar con humanos. Los candidatos ideales serán capaces de enseñar conductas que educarán y entretendrán a audiencias, según fuese necesario. Se requiere entrenamiento como veterinario y un título en Biología Marina (o disciplina similar). La destreza de hablar en público es una ventaja para algunos puestos.

EN EL AGUA

Es difícil imaginarse un lugar más exótico para trabajar que el agua. Los **biólogos marinos** estudian las plantas y animales que hay en el agua. Algunos estudian **organismos** demasiado pequeños para ser vistos con el ojo humano. Otros investigan peces y criaturas más grandes.

Los entrenadores de mamíferos marinos también pasan mucho tiempo bajo el agua. A menudo tienen los mismos intereses que los biólogos marinos. Generalmente los entrenadores trabajan con mamíferos grandes, tales como delfines y ballenas. A menudo participan en investigaciones. Estudian las conductas de las criaturas marinas más inteligentes. Pero su trabajo principal es cuidar a los animales.

Días de enfermedad

Debido a que su hábitat es acuático, es especialmente difícil saber cuándo un animal marino está enfermo. El entrenador debe ganarse la cooperación del animal para los análisis de sangre y demás procedimientos médicos.

Trabajador del milagro animal

Una de las más famosas entrenadoras de animales es Abby Stone. Ella es conocida por su trabajo con un delfín hembra llamado Winter. Cuando era joven, Winter quedó atrapada en una trampa. Sufrió heridas en las aletas de la cola. Todos creían que no viviría demasiado. Pero Stone la alimentó y la mantuvo durante horas en el agua. A Winter le pusieron una cola **protésica** y Stone la entrenó para que la usara. Comenzaron lentamente: solo unos pocos minutos al día. Ahora Winter puede nadar fácilmente con la cola. Este delfín sirvió de inspiración y actuó en la película *Winter: El delfín*.

Buzos delfín

Los delfines son algunos de los animales más populares con los que trabajar. Estos **cetáceos** son inteligentes y curiosos. Disfrutan trabajar con humanos. La Marina de los Estados Unidos los ha entrenado para buscar objetos perdidos bajo el agua. También custodian botes, le llevan equipos a los buzos y transportan cámaras. Los delfines son admirados por su creatividad. Se aburren fácilmente e inventarán nuevos trucos para su diversión. Les gustan una variedad de premios. A algunos delfines les gusta que les froten el lomo. A otros les gusta jugar con juguetes o salir a nadar con su entrenador.

Los entrenadores dedican parte de su tiempo a aprender qué es lo que prefiere cada delfín. Durante estas sesiones de juego y alimento, los delfines también terminan conociendo a los entrenadores. Si un entrenador es una persona ruda y nerviosa, el delfín podría tornarse rudo y nervioso también. Si el entrenador hace algo que al delfín no le gusta, este simplemente podría ignorarlo. ¡A veces no está claro quién está entrenando a quién!

Hombres destinados a una base de la Marina en Gulfport, Misisipi, juegan con un delfín que fue rescatado.

49

Muy complejo

Antes de que pudieras aprender a leer, tuviste que aprender el alfabeto. Después, tuviste que aprender palabras simples. Solo a partir de ese momento, pudiste empezar a leer oraciones completas. Al igual que tú, un animal aprende las cosas paso a paso. Cuando los entrenadores de animales le enseñan a un animal un truco nuevo, dividen el truco en pasos.

1 La entrenadora le muestra al delfín una nueva señal con la mano para el salto alto.

6 El delfín recibe un regalo y mucho amor de su entrenadora.

2 La entrenadora toca al delfín con un **target**. Luego, sopla un silbato para hacerle informar al delfín de que hizo algo bien.

3 El delfín sigue al target y se mueve para tocarlo por sí solo. La entrenadora sopla un silbato.

4 La entrenadora levanta aún más el target por encima del agua.

5 La entrenadora hace la señal de salto alto con la mano. El delfín salta alto y con mucha gracia en el aire.

51

Trabajo en el agua

Cada día es diferente cuando trabajas con animales, y es difícil saber qué esperar. Pero los animales progresan con una rutina. Aquí detallamos cómo podría ser un día típico para un entrenador de animales marinos.

7:30 a. m.	Reunión de personal para planificar el día.
8:00 a. m.	Pasar varias horas en la cocina preparando la comida para los animales.
10:00 a. m.	Echarle un vistazo a los animales. Limpiar profundamente el lugar donde vive cada animal.
12:00 p. m.	Almuerzo
1:00 p. m.	Entrenar a las focas.
2:00 p. m.	Entrenar a los delfines.
3:00 p. m.	Ayudar con el espectáculo de la nutria para un grupo de estudiantes en viaje de estudios.
4:00 p. m.	Jugar con los animales para construir relaciones.
5:00 p. m.	Tomar notas de todas las sesiones con los animales.
6:00 p. m.	Controlar que todos los animales estén cómodos para la noche.

Entrenando a entrenadores

Muchos entrenadores poseen títulos universitarios. Algunos, incluso, poseen títulos avanzados. Estudian materias relacionadas con Gestión Animal.

También es importante para los entrenadores unirse a grupos, tales como la Asociación Internacional de Entrenadores de Animales Marinos (IMATA, por su sigla en inglés). Este grupo publica ofertas de trabajo, noticias y eventos. Los entrenadores potenciales también asisten a eventos para conocer a personas que podrían ser capaces de ayudarlos a encontrar trabajo. Los entrenadores deben estar al tanto de las novedades en el ámbito. Conversan con otros entrenadores para aprender qué les está funcionando a ellos.

Los entrenadores de animales marinos deben aprobar pruebas difíciles de natación y buceo.

Un entrenador se muestra relajándose bajo un elefante.

RIESGOS Y RECOMPENSAS

¡El trabajo de un entrenador de animales es un trabajo salvaje! Entrenar animales grandes o agresivos implica el riesgo de salir herido o, incluso, de morir. Convertirse en entrenador lleva años de preparación. Muchos entrenadores poseen títulos en Biología o Ciencia Animal. Trabajan muchas horas para asegurarse de que los animales están seguros y saludables. Pero la mayoría de los entrenadores te dirán que aman su trabajo. Creen que el trabajo duro y el peligro valen la pena. Estos valientes y cariñosos entrenadores nos muestran que los animales son capaces de cosas increíbles. Sobre todo, nos recuerdan que debemos respetar y cuidar a los animales, que tanto hacen por nosotros.

¡Nada inteligente!

El verdadero trabajo

La escritora Jessica Cohn se sentó a conversar con Ken Ramírez del *Shedd Aquarium* de Chicago. Con más de 35 años cuidando de animales y de experiencia como entrenador, él sabe exactamente cuán salvaje se puede tornar este trabajo.

Jessica: ¿Cómo comenzó como entrenador de animales?

Ken: [En la preparatoria], trabajé como voluntario en una organización de perros guía. [En la universidad], me especialicé en Conducta Animal como principal materia. [Eso me llevó a convertirme en] entrenador en un parque de vida marina. Gran parte de lo que sé lo aprendí de entrenadores experimentados y del trabajo diario con los animales.

Jessica: Parece que siempre le han apasionado los animales.

Ken: Los animales merecen el mejor cuidado que les podemos dar. El entrenamiento no debería ser considerado un lujo que solo se brinda si hay tiempo: es una parte esencial del buen cuidado hacia los animales.

Jessica: ¿Qué consejo le daría a alguien que desea convertirse en entrenador de animales?

Ken: Especialízate en cualquier área que te interese: Biología, Biología Marina, Zoología, Conducta Animal, **Ciencias Ambientales**, etc. [Finalmente], aprenderás cómo entrenar desde la experiencia. [Pero] el título puede ser [clave para] obtener muchos trabajos y eso será [útil]. Gana experiencia práctica en todos los lugares que puedas. Al principio deberías estar dispuesto a aceptar cualquier trabajo con animales. Una vez que hayas [encontrado tu especialización], únete a organizaciones profesionales que se centren en el entrenamiento [o] en las especies que te interesan. [Muchas] ofrecen afiliación para estudiantes. [Esto] te permitirá aprender sobre la profesión, mantenerte al tanto de las **tendencias** y conocer las oportunidades laborales.

Ramírez le muestra a un visitante cómo cuida a un pingüino.

Ramírez trabaja con un lobo marino.

GLOSARIO

acreditadas: certificadas por cumplir con los estándares de excelencia

Biología: el estudio de o ciencia de vida

biólogos marinos: científicos que estudian la vida en el océano

cautiverio: un lugar donde los animales son retenidos para evitar que se escapen

cetáceos: todos los animales acuáticos

Ciencias Ambientales: el estudio de comunidades naturales y la forma en que estas se forman y sobreviven

condicionamiento clásico: entrenamiento de la conducta en el que una conducta está asociada a algo más

condicionamiento operante: entrenamiento de la conducta, durante el cual una conducta surge en respuesta a una recompensa o castigo

conducta incompatible: una conducta que no puede darse de manera simultánea con otra conducta

derechos animales: la idea de que los animales deberían ser respetados y protegidos del abuso humano

Ecología Marina: el estudio de hábitats en el agua

en peligro de extinción: en peligro de desaparecer

especies: una clase de seres vivientes con características comunes

estallido de extinción: cuando la conducta de un animal empeora en vez de mejorar

estímulo: algo que influye una actividad

hindú: una persona que sigue un conjunto de creencias y prácticas sociales, culturales y religiosas, y que es nativa de la India

maestría escénica: una destreza especial para presentar algo de una manera dramática

mahouts: entrenadores tradicionales de elefantes de la India

organismos: seres vivientes independientes de todo tipo

perros guía: perros que ayudan a trasladarse a las personas con visión limitada

práctica: un programa que enseña a estudiantes bajo supervisión en un entorno de trabajo

protésica: relacionada con un dispositivo artificial o mecánico que es usado para reemplazar a una extremidad faltante o herida

psicología animal: el estudio de los procesos mentales que controlan la conducta animal

refuerzo: algo que sirve de soporte o asistencia a una acción

refugio: un lugar que es seguro

rehabilitación: la recuperación de la salud

respuesta: una reacción a un estímulo

sacrificados: reducidos o eliminados en número mediante la caza o matanza

target: una herramienta de entrenamiento utilizada con animales marinos, generalmente un flotador en el extremo de una vara larga

tendencias: manera en que se conducen las cosas o el estilo en que se desarrollan las cosas

vinculación afectiva: el proceso de ganarse la confianza de un animal a través del contacto cercano y positivo de manera constante

Zoología: el estudio y ciencia de los animales

ÍNDICE

BIBLIOGRAFÍA

Davey, Pete. *A Dolphin in Front of You.*
Ocean Publishing, 2005.

Aprende de un experto qué es lo que se necesita para ser un
entrenador de delfines. Con consejos y trucos que solo los
iniciados conocen, este libro te ayudará a saber qué esperar en
este carrera, elaborar un currículo y practicar entrevistas, así
como a discutir sobre los estudios que te ayudarán a proseguir
con una carrera divertida como entrenador de delfines.

Goldish, Meish. *Dolphins in the Navy (America's
Animal Soldiers).* **Bearport Publishing, 2012.**

Aprende cómo la Marina de los Estados Unidos ha entrenado
delfines. Este libro está repleto de imágenes e historias de las
tareas que el delfín *K-dog* realizó para mantener a salvo a su
país. ¡Ese sí que es un delfín valiente!

Hansen, Sherry y Brad Steiger. *The Mysteries of
Animal Intelligence: True Stories of Animals with
Amazing Abilities.* **Tor Books, 2007.**

No creerás todas las increíbles hazañas de animales que
aparecen en este libro. Desde un delfín que salva a una persona
que se está ahogando hasta un gato que defiende a un bebé de
una serpiente de cascabel. Una historia impactante pero real
detrás de otra.

Pang, Evelyn y Hilary Louie. *Good Dog!
Kids Teach Kids About Dog Behavior and Training.*
Dogwise Publishing, 2008.

Nunca es demasiado tarde para entrenar a tu perro. Aprende
cómo comunicarte mejor con tu perro con técnicas de
entrenamiento divertidas. También puedes compartir los
consejos con tus padres.

MÁS PARA
EXPLORAR

Beyond Just Bears
http://www.beyondbears.ca

Descubre más sobre el sueño de Mark y Dawn Duma de entrenar animales actores. Ellos han proporcionado animales para cientos de programas de televisión, películas y anuncios. Conoce a sus "estrellas" y revisa el listado de papeles.

Dolphin Research Center
http://www.dolphins.org/marineed_trainingDRC.php

En el *Dolphin Research Center* el sueño de entrenar animales puede hacerse realidad. Aprende por qué y cómo este centro entrena a sus delfines, y conoce las personalidades de la manada. En la sección para niños haz clic en la etiqueta *Marine Education*, donde encontrarás información, juegos divertidos.

Science Buddies: Animal Trainer
http://www.sciencebuddies.org/

Introduce *Animal Trainer* en el recuadro de búsqueda que aparece en la parte superior derecha. Aquí aprenderás sobre cómo convertirte en un entrenador de animales. Estudios recomendados, entrevistas con profesionales e ideas de proyectos son solo el comienzo. Haz clic en *"On the Job"* para ver un video y obtener una mejor idea de lo que hacen los entrenadores de animales.

Zoological Park Careers
http://www.seaworld.org/career-resources/info-books/zoo-careers/index.htm

Este sitio posee mucha información para quienes desean convertirse en entrenadores de animales. Encontrarás toda clase de información práctica sobre escuelas con programas especializados, diferentes tipos de entrenamiento de animales y más libros para ayudarte a explorar varias opciones disponibles.

ACERCA DE LA AUTORA

Jessica Cohn creció en Michigan. Tiene un título en Inglés y una maestría en Comunicación Escrita. Ha trabajado en publicaciones educativas durante más de una década como escritora y editora. Durante esos años escribió artículos y libros sobre diferentes temas, incluidas algunas carreras. Está casada y tiene dos hijos. Su familia está establecida en el estado de Nueva York, con un viejo perro inteligente que hará trucos únicamente cuando se sienta cómodo sobre una alfombra.